Giclée

Giclée Limited Editions 3

It is the ambition of every artist to see his work reproduced as perfectly as possible. This is easier said than done, however. A painting is often constructed in layers, and the underpainting has a considerable effect on the final product. Each individual perceives this effect differently, and the light conditions also play an important role. The Giclée reproduction aims to recreate the intention of the painter as faithfully as is feasible, although this can never be 100% effective under all conditions. We strive for perfection using only the best materials, equipment, and personnel. The results are often frighteningly good.
When we first embarked upon the making of Giclées more than three years ago, the technique was completely unknown to the consumer. This necessitated extra efforts on our part in order to sell the products. This goal has been achieved, and is going from strength to strength thanks to the labours of people and institutions that have direct contact with consumers, including museums, galleries and Giclée dealers.
Each of our products offers quality at a reasonable price, from postcards to art books and Giclées. We will continue to champion affordable products of top quality; this is the least we can do to celebrate our wealth of top quality artists.

Jeder Künstler möchte daß sein Gemälde so gut wie irgend möglich reproduziert wird. Das ist schwierig. Ein Gemälde ist oft aus mehreren Farbschichten aufgebaut, wobei auch die unteren Schichten große Auswirkungen auf das fertige Werk haben. Wie wir das Bild mit unseren eigenen Augen sehen wird für jeden Betrachter verschieden sein, und auch die jeweiligen Lichtverhältnisse spielen dabei eine große Rolle. Die Reproduktion als Giclée soll so gut wie möglich wiedergeben was der Künstler ausdrücken wollte. Das kann niemals in jeder Hinsicht hundertprozentig gut sein. Wir probieren so nahe wie möglich an das jeweilige Original heran zu kommen, indem wir in allen Phasen des Herstellungsprozesses die besten Materialien, die besten Maschinen und die besten Menschen einsetzen. Und das Ergebnis ist oft geradezu erschreckend gut.
Als wir vor gut drei Jahren mit der Herstellung der Giclées begonnen war dieses Produkt unter Kunstliebhabern so gut wie unbekannt. Unter diesen Umständen kostete es einige Anstrengung, um Käufer für das neue Produkt zu finden. Es ist uns gelungen, und es geht immer besser, nicht zuletzt dank des Einsatzes derjenigen, die den direkten Kontakt zum Kunstfreund haben, dank der Museen, Galerien und ganz besonders auch dank der Gicléehändler.
Qualität zum angemessenen Preis, das bieten wir bei all unseren Produkten: Kunstkarten, Kunstbücher und Giclées. Wir werden uns auch in Zukunft für bezahlbare Produkte von höchster Qualität einsetzen, das sind wir der Spitzenqualität unserer Künstler schuldig.

Elke kunstenaar wil zijn schilderij altijd zo goed mogelijk gereproduceerd zien. Dat is moeilijk. Een schilderij is vaak in lagen opgebouwd, onderschilderingen hebben grote invloed op het uiteindelijke resultaat. Hoe wij dat beeld met ons menselijk oog ervaren zal per persoon verschillen en ook de lichtomstandigheden hebben hier grote invloed op. De Giclée reproductie moet zo goed mogelijk weergeven wat de schilder bedoeld heeft. Dit kan nooit onder alle omstandigheden 100% zijn. We proberen zo dicht mogelijk bij het origineel te komen, door in alle fasen van het proces, gebruik te maken van de beste materialen, apparatuur en mensen. Het resultaat is vaak griezelig goed.
Toen we ruim 3 jaar geleden de start maakten met giclée's was het product bij de consument zo goed als onbekend. Dan is er veel inspanning voor nodig het product te verkopen. Dit is gelukt en het gaat ook steeds beter dankzij de inzet van die mensen die direct contact met de consument hebben zoals musea, galeries en in het bijzonder de Giclée-dealers.
Kwaliteit tegen een redelijke prijs dat bieden wij met al onze producten, kunstkaarten, kunstboeken en Giclée's. We zullen ons blijven inzetten voor betaalbare producten van topkwaliteit, dat zijn we verplicht aan onze topkwaliteit kunstenaars.

Wim Ellens, Director Art Revisited

Art Revisited Giclée.

I am presented with a huge diversity of materials in my work as a picture framer: Originals, posters, photos and all kinds of graphics. In recent years, a Giclée has cropped up ever more frequently.
In my view, the Giclée cannot be compared to the humble and now outdated poster. The Art Revisited Giclées are amongst the best; these prints are almost indistinguishable from the original. The Giclée is fantastically faithful to the original colours. A Giclée reintroduces light into a painting. The Art Revisited Giclée is simply the most beautiful reproduction technique EVER!
Etchings and lithographs are the main reproduction techniques of the past. Nowadays, these types of graphics are even considered to be originals. The Giclée is the reproduction technique of today. It is my opinion that we will also view a Giclée as a new original in the future. The Giclée allows the artist to widen his audience in the same way that etchings and lithographs did in days gone by. A single painting, that may have taken four months to produce, is now available to the larger community of art lovers, in the form of a Giclée.

Als handwerklicher Hersteller von Bilderrahmen gehen sehr verschiedene Werke durch meine Hände: Originale, Poster, Fotos und alle Arten grafischer Kunst. In den letzten Jahren sind immer öfters auch Giclées dabei.
Aus meiner Sicht hat das Giclée nichts mehr mit dem guten alten Poster zu tun; dessen Zeit ist vorbei. Die Giclées von Art Revisited sind Spitzenklasse, diese Giclées sind ganz dicht am Original, in ungekannt getreuer Farbwiedergabe. Mit einem Giclée ist es möglich, das Licht in einem Gemälde wieder zu zu lassen. Das Art Revisited Giclée ist die schönste Reproduktionstechnik ALLER ZEITEN!
Radierungen und Lithografien sind die Reproduktionstechniken von füher. Heutzutage werden diese Werke grafischer Kunst als Originale angesehen. Das Giclée ist die Reproduktionstechnik von heute. Und morgen betrachten wir, so glaube ich, das Giclée als neues Original. Genauso wie schon früher die Radierungen und Lithografien, bietet das Giclée dem Künstler heute die Möglichkeit, das Verbreitungsgebiet seiner Werke zu vergrößern. Ein Gemälde, an dem der Künstler manchmal vier Monate arbeitet, rückt nun als Giclée für viele Liebhaber in den Bereich des Möglichen.

Als lijstenmaker krijg ik enorm uiteenlopend werk onderhanden: originelen, posters, foto's en alle soorten grafiek. De laatste jaren zit er steeds vaker een Giclée tussen.
In mijn optiek heeft de Giclée niets meer met de aloude en overleden poster te maken. De Giclée's van Art Revisited behoren tot de top, met deze Giclée's zitten we heel kort op het originele kunstwerk en is enorm kleurgetrouw. Met een giclée is het mogelijk het licht in een schilderij weer toe te laten. De Art Revisited Giclée is de mooiste reproductietechniek ALLER TIJDEN!
Etsen en litho's zijn de reproductietechnieken van vroeger. Tegenwoordig worden deze vormen van grafiek als origineel aangemerkt. De Giclée is dé reproductietechniek van vandaag. Morgen zien we volgens mij een Giclée als een nieuw origineel. Net als etsen en litho's helpt de Giclée de kunstenaar het verspreidingsgebied van zijn werk te vergroten. Een schilderij, waar de kunstenaar soms vier maanden aan werkt, wordt nu in de vorm van een Giclée bereikbaar voor een grote groep liefhebbers.

Ron de Hoog, - picture framer - Bilderrahmenhersteller - lijstenmaker in Maassluis, NL

Marian Beek 1948 - 2000

Marian Beek enjoyed along with the rest of her family the world of boats and sailing, taking yearly trips over the 'Waddenzee' and the island of Vlieland. The intimate and dreamy atmosphere of her paintings is amplified by the intensity of her colours. The work is essentially figurative, yet it is not limited by the constraints of perspective or depth.

Zij en haar familie hielden van zeilen, van boten en de jaarlijkse tocht over het Wad en Vlieland. De intieme, dromerige sfeer van het werk van Marian Beek wordt versterkt door de intensiteit van de kleuren. Haar werk is weliswaar figuratief maar wordt niet beperkt door de grenzen van perspectief en diepte.

A long journey 50266 50 x 70 cm
.../100 - Canvas

Ships at low tide **50267** 50 x 70 cm
.../100 - Canvas

Arie Boers, 1935

The subject matter of Arie Boers' work is principally Dutch landscapes and still lifes. He possesses the gift of recreating in watercolours the beauty of a landscape throughout each of the seasons. It is Arie Boers' own assertion that he does not attempt to produce a purely realistic representation of the landscape. He aims to paint his subject as he himself experiences it, always within the bounds of recognisability.

De onderwerpen in het werk van Arie Boers zijn voornamelijk Hollandse landschappen en stillevens. Hij heeft de gave om in een aquarel de schoonheid van het landschap op te roepen, door alle seizoenen heen. Arie Boers zegt zelf dat hij niet uit is op een puur realistisch plaatje van het landschap. Hij wil het schilderen zoals hij het ervaart, binnen de grenzen van de herkenbaarheid.

Walcheren 50477 40 x 56 cm
.../80 - Watercolour paper

Waiters 50499 40 x 56 cm
.../80 - Watercolour paper

Dinie Boogaart, 1963

Colour, light and chiaroscuro: these are the vital elements that make up the work of Dinie Boogaart. Her paintings stem from an intense involvement with and proximity to her subject matter. The paintbrush moves like a dancer, effortlessly and gracefully creating each shade and nuance, driven by a vital and energetic inner force. Boogaart's themes are classical - the portrait, the nude, the landscape and the still life.

Kleur, licht en clair-obscur zijn de belangrijkste beeldelementen in het werk van Dinie Boogaart. Een schilderij van Boogaart ontstaat vanuit een zeer directe betrokkenheid met het onderwerp. Het penseel moet zich gedragen als een danser, blindelings de juiste toetsen en vlakken neerzetten gedreven door een innerlijke vitale, uitbundige kracht.

Old man with lamb **50278** 63 x 50 cm
.../100 - Fine Art Paper

Searching III 50501 55 x 110 cm
.../60 - Fine Art Paper

Cows 50452 35 x 70 cm
.../100 - Fine Art Paper

Cows at Skuzum **50451** 50 x 90 cm
.../60 - Fine Art Paper

Patrick Creyghton, 1934

Creyghton paints landscapes in oils as well as the occasional still life. The paintings of the hills of Limburg, where he lives, seem to hover somewhere between reality and idealism. His flowers are highly detailed; each leaf painstakingly portrayed in delicate and fragile colours.

Creyghton schildert landschappen in olieverf en af en toe een bloemstilleven. Schilderijen van de Limburgse heuvels, waar hij woont, lijken te liggen tussen realiteit en idealisme. Zijn bloemen zijn vol details, elk bloemblaadje is zorgvuldig aangebracht, gewoonlijk met tere kleuren.

Summer bouquet 50454 55 x 50 cm .../80 - Fine Art Paper
Summer bouquet 50456 90 x 80 cm .../60 - Canvas

Summer wildflowers **50453** 55 x 50 cm .../80 - Fine Art Paper
Summer wildflowers **50455** 90 x 80 cm .../60 - Canvas

Harles 50502 50 x 65 cm
.../60 - Fine Art Paper or Canvas

detail >

Jef Diels, 1952

Diels was educated at the Art Academy in Antwerp. His subjects are contemporary, yet painted in the tradition of the 17th century. Jef Diels has given twenty solo exhibitions to date, at home and abroad, and has been nominated for several awards.

Diels volgde zijn beeldende opleiding aan de Antwerpse Kunstacademie. Zijn onderwerpen zijn hedendaags maar wel geschilderd in de zeventiende-eeuwse traditie. Jef Diels heeft in de loop der jaren een twintigtal solotentoonstellingen gehad, zowel in binnen- als in buitenland en werd diverse malen genomineerd.

Paysage aux poires 50440 24 x 70 cm
.../245 - Fine Art Paper

detail >

Ingrid Dingjan, 1951

"I often go along to sail on a cutter along the coast of Scheveningen, on a sailboat during a race or to visit a dock in the harbour of Rotterdam. It is something you have to experience; to feel the swell of the sea, to inhale the smell of the ship, to taste the salt on your lips, to view the colours of the air and the water and to feel the wind in your hair. Each of these sensations is important to me, and they lie at the heart of my paintings."

"Ik vaar regelmatig mee, langs de kust van Scheveningen op kotters, tijdens wedstrijden op zeilboten, of op een dok in de Rotterdamse haven. Je moet er geweest zijn, de deining van de zee voelen, de geur van het schip ruiken, het zout op je lippen proeven, de kleuren van de lucht en het water zien, de wind door je haren voelen. Die indrukken zijn erg belangrijk voor mij. Zijn de basis voor mijn schilderijen."

Skutsjesilen 50214 52 x 71 cm
.../210 - Watercolour paper

Sailing in the sunset **50213** 52 x 72 cm
.../210 - Watercolour paper

Marius van Dokkum, 1957

The paintings of Marius van Dokkum include portraits, still lifes and general subjects. The general subjects mostly concern people portrayed in their own surroundings. These characters come across as likeable, in spite of their many idiosyncrasies.

De schilderijen van Marius van Dokkum bestaan uit portretten, stillevens en vrije onderwerpen.
In zijn vrije onderwerpen komen meestal eenvoudige mensen voor in hun eigen leefomgeving. Mensen die ondanks hun eigenaardigheden toch sympathiek overkomen.

A man's world 30 x 40 cm - **50424** Fine Art Paper - **50426** Canvas
A man's world 60 x 80 cm - **50425** Fine Art Paper - **50427** Canvas

detail >

A turn on the Ice 30 x 30 cm - **50428** Fine Art Paper - **50430** Canvas
A turn on the Ice 50 x 50 cm - **50429** Fine Art Paper - **50431** Canvas

Hole in one! 30 x 30 cm - **50503** Fine Art Paper - **50504** Canvas

Topscore 30 x 30 cm - **50505** Fine Art Paper - **50506** Canvas
Topscore 50 x 50 cm - **50507** Fine Art Paper - **50508** Canvas

Keeping up with the times... 30 x 30 cm - **50391** Fine Art Paper - **50421** Canvas
Keeping up with the times... 50 x 50 cm - **50390** Fine Art Paper - **50422** Canvas

Peter Durieux, 1951

Peter Durieux's landscapes are calm oases wherein one can immerse one's self and meditate on the beauty of nature. He shuns any disagreeable details, leaving a reality more perfect than it could ever be. Durieux paints subdued and balanced scenes with his palette of endless shades of green, grey and ochre.

De landschappen van Peter Durieux zijn oases van rust waar men stil kan vertoeven en mijmeren over de schoonheid van de natuur. Storende elementen worden door hem weggelaten om de werkelijkheid wat mooier te maken dan hij is. Met een palet van talloze groenen, grijzen en okers schildert Durieux ingetogen en evenwichtige voorstellingen.

Geys 50194 25 x 70 cm
.../120 - Canvas

detail >

Ger Eikendal, 1954

Ger Eikendal is an unashamedly politically engaged artist. He creates the foundation of his paintings with acrylic paint. Over this he paints his scene using several layers of alkyd or oils. The posters have a symbolic function as an ephemeral means of communication, but are above all beautiful in their own right.

Ger Eikendal is een onversneden politiek geëngageerd kunstenaar. De ondergrond van zijn grote schilderijen brengt hij aan met acrylverf. Over deze ondergrond schildert hij dan in enige lagen alkyd of olieverf zijn voorstelling. De affiches vervullen hun symboolfunctie als (vergankelijke) uiting van communicatie. Maar ze zijn natuurlijk ook gewoon mooi.

Old glory 50255 50 x 50 cm
.../80 - Fine Art Paper or Canvas

Vota (no guerra) **50254** 72 x 60 cm
.../80 - Fine Art Paper or Canvas

Joke Frima, 1952

Joke Frima paints by observation, and only by daylight. There are two favourite themes which she loves to explore exhaustively: plants and still lifes. "I paint subjects that are considered by many people to be unworthy of attention, because my experience has taught me that simple things can be very beautiful."

Joke Frima schildert naar waarneming en uitsluitend bij daglicht. Twee favoriete thema's behandelt zij uitputtend: planten en stillevens. "Ik schilder onderwerpen die men vaak niet waardevol vindt, vanuit mijn ervaring dat eenvoudige dingen mooi kunnen zijn."

At 'De Uitkijk' 50509 60 x 150 cm
.../90 - Canvas

detail >

Ulco Glimmerveen, 1958

Ulco studied biology at the Rijks Universiteit in Utrecht, majoring in Animal Ecology and Behavioural Studies. In spite of this background, he followed his heart and chose for a career as an artist. The uncompromising biologist has managed to marry his passion with his profession, and by now has several hundred beautiful illustrations, drawings and paintings to his name.

Ulco studeerde biologie aan de Rijks Universiteit Utrecht, met als hoofdvakken dierecologie en gedragsleer. Toch volgde hij zijn hart en koos voor een carrière in de kunst. De perfectionistische bioloog heeft zijn passie weten te koppelen aan zijn vak en heeft inmiddels honderden pracht illustraties, tekeningen en schilderijen gemaakt.

House sparrow 50385 40 x 30 cm
.../100 - Fine Art Paper

Almost Full House **50387** 63.5 x 50 cm
.../60 - Fine Art Paper

A Suite for Two **50386** 63.5 x 45 cm
.../60 - Fine Art Paper

Henk Helmantel, 1945

The influence of 17th century painting is clearly in evidence in the still lifes and church interiors by Henk Helmantel. The still lifes consist of objects arranged in such a way as to create a balanced composition of form and colour. The attention lavished on the individual objects ensures that they are elevated from the mundane to become art.

In de stillevens en kerkinterieurs van Henk Helmantel is de invloed van de zeventiende-eeuwse schilderkunst merkbaar aanwezig. In zijn stillevens zijn vaak verschillende voorwerpen zo neergezet dat er een evenwichtige compositie van vormen en kleuren ontstaat. Door de voorwerpen met zoveel aandacht te schilderen, tilt hij ze boven het alledaagse uit.

Homage to Kees Stoop 50472 70 x 54 cm
.../150 - Fine Art Paper

Mouse I 50004 11.5 x 15 cm
.../450 - Fine Art Paper

Mouse II 50475 11.5 x 15 cm
.../450 - Fine Art Paper

Roman glass with eggshells 50474 16 x 55 cm
.../225 - Fine Art Paper

Still life with tomatoes **50449** 60 x 85 cm
.../150 - Fine Art Paper

detail >

Emden bread 50476 45 x 80 cm
.../120 - Fine Art Paper

15th century drinking glass **50473** 40 x 45 cm
.../190 - Fine Art Paper

Hans Innemée, 1951

Innemée's subjects are mostly farm animals. These creatures, often chickens, are endowed with various human characteristics and expressions. The inspiration behind this approach can be partly retraced to a sketch by Tommy Cooper, the English comedian.

Innemée's onderwerpen komen vaak van de boerderij, hij gebruikt deze dieren, vooral kippen, om allerlei menselijke trekken uit te drukken. Dit onderwerp is gedeeltelijk geïnspireerd door een sketch van de Engelse komediant Tommy Cooper.

The eternal mystery of being....

50450 50 x 110 cm .../90 - Fine Art Paper

About birds and bees and flowers and trees and and an apple and an apple…

50487 75 x 110 cm .../24 - Canvas

Waiting for the nightboat to Cairo...

50510 75 x 100 cm .../24 - Canvas

detail >

Diederik Kraaijpoel, 1928

Diederik Kraaijpoel does not paint directly from nature, but from sketches and photographs made at the location. A piece of work may be commenced outside, but he finishes it at home if the weather worsens, or if passers-by intrude. This method is similar to that of the Old Masters. He asserts that his work is essentially Romantic, but others refute this claim.

Schilderen doet Diederik Kraaijpoel niet rechtstreeks naar de natuur, maar naar ter plaatse gemaakte studies en foto's. Tekeningen zijn wel buiten begonnen, maar als het weer verslechtert of de voorbijgangers zich hinderlijk opdringen, maakt hij ze thuis af. Zijn werkwijze volgt dus ongeveer de oude meesters. Hij beweert dat zijn werk tot de romantiek behoort. Anderen betwijfelen dat.

A sunny spot 50511 60 x 75 cm
.../80 - Canvas

detail >

Berry Kuiper, 1958

Berry Kuiper was born in the old VOC town of Hoorn, and came into the World richly blessed with talents. He had the aptitude to become a professional sportsman as well as possessing a pronounced artistic gift. A career in sport was ultimately unsatisfying, and painting became his all-consuming passion.

Berry kwam ter wereld in de oude VOC-stad Hoorn en werd bij zijn geboorte rijk bedeeld met talent. Hij had de aanleg om professioneel sport te beoefenen maar ook duidelijk artistieke gaven. Een carriere als sportman bevredigde hem uiteindelijk niet. Schilderen werd zijn lust en zijn leven.

Baseball 50493 50 x 90 cm
.../150 - Fine Art Paper or Canvas

Golf and whisky 50388 50 x 55 cm
.../150 - Fine Art Paper or Canvas

Golf 50389 50 x 55 cm
.../150 - Fine Art Paper or Canvas

Jan van Loon, 1938

This painter's work encompasses an immensely broad range, both in technique and subject matter. Jan van Loon is celebrated for his landscapes wherein the moods of the weather, rain and landscape are captured in a unique manner. In addition, he has painted numerous portraits.

Het werk van deze schilder beweegt zich zowel qua techniek als qua onderwerp op een zeer breed terrein. Jan van Loon is vermaard om zijn landschappen waarin hij als geen ander op trefzekere wijze de stemmingen van weer, wind en landschap weet weer te geven. Hij heeft ook talloze portretten geschilderd.

Peasens 50512 60 x 130 cm
.../110 - Canvas

Noordpolderzijl 50513 60 x 130 cm
.../110 - Canvas

Akinori Miura, 1950

Akinori Miura (Japan) is firmly ensconced in the Japanese artistic tradition. He paints things as they are. A corncob or a woman draped in a lace-edged sheet; each is no more or less than what it is. However, the centuries-old tradition of which he is the matchless master allows him to create unique works of art from such "day to day" subjects.

Akinori Miura (Japan) werkt, geheel in de traditie van de Japanse kunst. Hij beeld de dingen af zoals ze zijn. Een maïskolf of een vrouw, gedrapeerd in een met kant afgezet laken, liggend op een bed is niet meer of niet minder dan wat het is. Maar door de eeuwenoude traditie die hij op onnavolgbare wijze beheerst, slaagt hij er in om van deze 'alledaagse' dingen een uniek kunstwerk te maken.

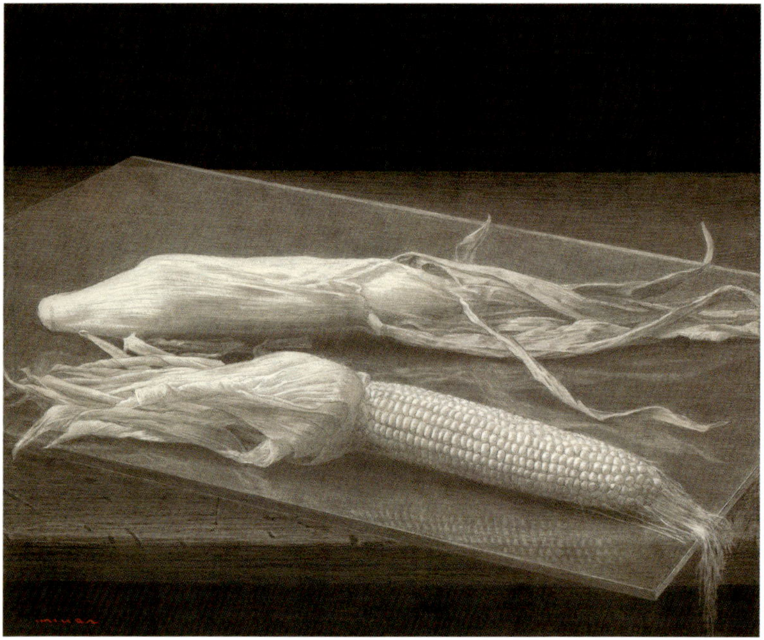

The Maize 50435 33 x 40 cm
.../60 - Fine Art Paper

The Forbidden Fruit **50436** 60 x 90 cm
.../60 - Fine Art Paper

Rob Møhlmann, 1956

Rob Møhlmann has been attempting to define the concept of "realism" in an artistic manner ever since he first put a brush to canvas. This is why he consistently paints his still lifes in a 1:1 ratio to the subject. The newspaper Noordhollands Dagblad defined this appropriately in 1997 as "Realism in its most fervent form".

Sedert zijn eerste penseelstreek poogt Rob Møhlmann het begrip "werkelijkheid" op artistieke wijze te doorgronden. Overigens schildert hij al zijn stillevens consequent in een verhouding 1:1 in relatie tot de werkelijkheid. Het Noordhollands Dagblad vatte dit alles in 1997 krachtig samen als "realisme in zijn hevigste vorm".

The Sorbus branch **50434** 30 x 50 cm
.../180 - Fine Art Paper

Forgotten roses 50432 30 x 30 cm
.../180 - Fine Art Paper

All dried up 50433 40 x 40 cm
.../180 - Fine Art Paper

Erik van Ommen, 1956

Erik creates figurative work in the tradition of the Northern Realists, and has had exhibitions at home and abroad. “Art and nature are inextricably connected, as far as I'm concerned, and I see it as my duty as an artist to take pains to preserve those things that inspire me.”

Erik maakt figuratief werk in de traditie van de Noordelijke Realisten en exposeerde in musea en galerieën in binnen- en buitenland. “Kunst en natuur zijn voor mij onlosmakelijk verbonden en ik zie het dan ook als mijn taak me als beeldend kunstenaar in te zetten voor het behoud van datgene wat mij inspireert”

Clothes line 50397 40 x 60 cm
.../60 - Canvas

Swallows in window **50399** 55 x 55 cm
.../60 - Canvas

Kingfisher at water wheel **50398** 55 x 60 cm
.../60 - Canvas

Pied Avocets **50495** 45 x 55 cm
.../100 - Canvas

Geese and Pied Avocet **50494** 45 x 70 cm
.../100 - Canvas

Theo Onnes, 1957

Theo is a depictive artist, especially known for his paintings of cattle and goats. The wonderful countryside of Groningen is his inexhaustible source of inspiration, with its ditches, dikes and wide expanses. With his painting, Theo strives to arouse emotion, poignancy and a sense of identification within the heart of the observer.

Theo Onnes is beeldend kunstenaar en bekend geworden door zijn schilderijen van koeien en geiten. Het prachtige Groninger platteland met zijn sloten, dijken en uitgestrektheid is voor hem een onuitputtelijke inspiratiebron. Theo wil met zijn schilderijen bij de kijker emotie, ontroering en herkenning opwekken.

Cow 50516 90 x 90 cm
.../50 - Canvas

Cow 50517 90 x 90 cm
.../50 - Canvas

Jasper Oostland, 1976

The work of the young painter Jasper Oostland from Groningen is guaranteed to raise a smile. He has created his own niche: he places animals in a human situation, precisely painted, cartoon-like, and sharply and wittily observed. The colours are bright, and the paintings are full of humorous details. He introduces a narrative, and allows the viewer to imagine the rest of the story for himself.

Het werk van de jonge Groningse schilder Jasper Oostland doet je altijd op zijn minst glimlachen. Door dieren in een menselijke context te plaatsen heeft hij een heel eigen stijl ontwikkeld: uiterst minutieus geschilderde, trefzekere cartooneske voorstellingen in heldere kleuren, vol geestige details. Het zijn aanzetten tot verhalen waar de kijker zelf mee aan de gang mag gaan.

Park bench 50514 50 x 88 cm
.../240 - Fine Art Paper

Stone 50515 50 x 60 cm
.../150 - Fine Art Paper

Pieter Pander, 1962

"Every creature has its own 'portrait', its own expression and movement", he asserts. Pander's subjects vary according to his interests of the moment. Pieter Pander's themes are naturalistically painted, often in musing or dream-like circumstances, usually set in half abstract areas dominated by the surface and movement of the paint. In this way he combines traditional and modern techniques.

'Ieder beest heeft zijn eigen 'portret', een eigen manier van kijken en doen', meent hij. De thema's die Pander schildert variëren sterk, afhankelijk van waar zijn belangstelling op dat moment naar uitgaat. Hij houdt er niet van zich op één onderwerp te moeten toeleggen.

Red and white Holstein calf 50485 50 x 25 cm
.../225 - Fine Art Paper

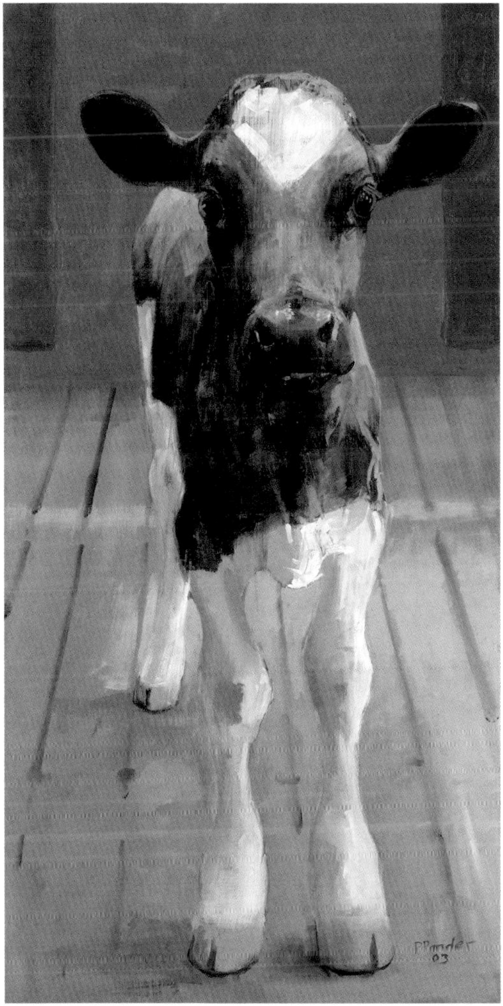

Black and white Holstein calf **50486** 50 x 25 cm
.../225 - Fine Art Paper

Peter van der Ploeg, 1954

Peter van der Ploeg turns to landscape to find his subject matter. This is where he finds stillness, tension, loneliness or danger. Human beings, whether actually present or not, are mostly the cause of the subdued tension. People and nature are entwined, eventually attaining a state of harmony together. He uses an almost photographic technique in order to achieve this end.

Peter van de Ploeg vindt zijn onderwerpen in het landschap. Daar ontstaan begrippen als stilte en spanning, eenzaamheid of dreiging. De mens al dan niet lijfelijk aanwezig, is vaak veroorzaker van die stille spanning. Natuur en mens relateren zich aan elkaar tot een samenspel in gemoedsgesteldheid ontstaat. De bijna fotografische verbeelding is daarbij een medium.

Paal 12 50489 40 x 95 cm
.../110 - Fine Art Paper or Canvas

Rope in the wind **50488** 40 x 75 cm
.../110 - Fine Art Paper or Canvas

Rein Pol, 1949

The subjects of Rein Pol's paintings gravitate between the mundane and the absurd. From the landscapes which seem to exude the very smell of manure, to the little Groningen train huffing and puffing its way along the placid shores of a Norwegian fjord.

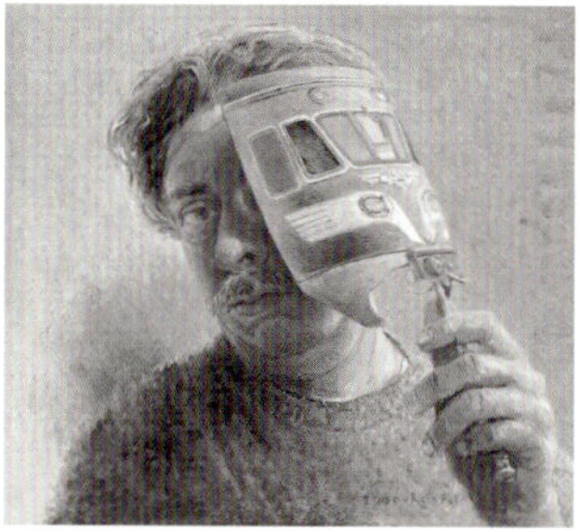

De onderwerpen van Rein Pol's schilderijen bewegen zich tussen het doodgewone en het absurde. Soms stijgt de mestgeur op uit zijn landschappen, dan weer zwoegt een Groningse boemel langs de stijle oevers van een Noors fjord.

The empty Grave **50464** 20 x 18 cm .../400 - Fine Art Paper
The empty Grave **50465** 42 x 38 cm .../100 - Fine Art Paper

Spring blossom **50264** 70 x 60 cm
.../100 - Canvas

Autumn colours **50265** 70 x 60 cm
.../100 - Canvas

Jentsje Popma, 1921

"The Netherlands has a long tradition of landscape painters, and these artists are held in universal admiration. To represent a landscape faithfully one needs to capture the colour and the perspective that is perceived by the human eye as well as our emotional response. We need to continue this tradition to ensure that the contemporary landscape is also recorded in an atmospheric way."

"Nederland kent van oudsher de traditie van landschapschilderen en dit wordt wereldwijd bewonderd. Voor een goede verbeelding van het landschap heb je de kleur en het perspectief nodig zoals die door het oog worden waargenomen en gevoelsmatig wordt beleefd. Het wenselijk dat de traditie wordt aangehouden zodat ook het hedendaagse landschap sfeervol in beeld wordt gebracht."

Mud flats 50518 50 x 60 cm
.../80 - Canvas

Tulip fields near Callantsoog **50519** 50 x 60 cm
.../80 - Canvas

Matthijs Röling, 1943

The themes to be found in Matthijs Röling's work are many and varied: still lifes, interiors, portraits, nudes, landscapes and mythological scenes. The painter does not care to deny that many of his paintings represent a release from everyday life. "I do not pretend to have a message for the world. I am an escapist, searching for another place, for peace and pleasure; far from this terrible world which I still seem to love so much."

De thema's in Rölings werk zijn veelomvattend: stillevens, interieurs, portretten, naakten, landschappen en mythologische voorstellingen. De kunstenaar ontkent niet dat zijn schilderijen soms een vlucht zijn uit de dagelijkse realiteit. 'Ik heb niet veel pretenties of boodschappen aan de wereld. Ik ben een escapist die naar elders verlangt, naar rust en genot; weg van deze rotwereld waar ik veel van houd.'

Tulips in interior **50362** 56 x 55 cm
.../225 - Fine Art Paper

Garden in Ezinge **50520** 50 x 50 cm
.../150 - Fine Art Paper

Jaap Roose, 1960

A moment of peace. This can be experienced while looking at a still life by Jaap Roose. A moment to concentrate on and enjoy the texture and the colours and light of compositions of living things such as flowers or fruit, combined with simple goods such as a sheet or some crockery. Still, and yet alive.

Een moment van rust. Dat kun je ervaren als je kijkt naar een stilleven van Jaap Roose. Even geconcentreerd genieten van stofuitdrukking, kleur en licht in composities van (nog) levende dingen zoals bloemen en fruit met eenvoudige gebruiksvoorwerpen zoals laken en serviesgoed. Stil maar ook levend.

Jasmine 50521 24 x 40 cm
.../50 - Fine Art Paper

Apple blossom **50522** 24 x 40 cm
.../50 - Fine Art Paper

Hydrangea **50524** 25 x 40 cm
.../50 - Fine Art Paper

Amaryllis **50523** 50 x 55 cm
.../50 - Fine Art Paper

Jan Voerman, 1857-1941

"There's no need to move on when you are already living in Paradise". Thus spoke the painter Jan Voerman Sr. about Hattem, his place of abode. The painter lived and worked there without interruption from 1889 until his death. Voerman is especially known for his peerless IJssel landscapes. His still lifes with flowers are no less impressive.

"Als je in het paradijs woont, hoef je dat toch niet te verlaten." Zo sprak schilder Jan Voerman sr. over zijn woonplaats Hattem. Van 1889 tot aan zijn overlijden heeft de schilder er onafgebroken geleefd en gewerkt. Voerman is vooral bekend om zijn ongeëvenaarde IJssel-landschappen. Zijn stillevens met bloemen zijn niet minder indrukwekkend.

Nasturtium 50471 25 x 18 cm
.../380 - Fine Art Paper

Anemones in a Ginger jar **50527** 25 x 21 cm
.../380 - Fine Art Paper

Eric De Vree

Eric De Vree prefers still lifes and trompe l'oeil. He regularly chooses worn materials for his compositions, as he enjoys the challenge of capturing dusty glass, paper and rusty metal in paint. In recent years he has increasingly chosen subject matter from his direct surroundings.

Stillevens en trompe l'oeil genieten hoofdzakelijk De Vree zijn voorkeur. In de composities kiest hij meermaals voor sleetse voorwerpen, daar het een uitdaging en plezier vormt om de gekozen materie (stoffig glas, papier, roestig metaal) in verf te 'vangen'. De laatste jaren zoekt hij steeds meer zijn toevlucht tot attributen uit zijn verwante omgeving.

Enamel pile 50439 46 x 50 cm
.../180 - Fine Art Paper

Portrait of my Childhood 50361 50 x 40 cm
.../280 - Fine Art Paper

Gerry Wachtmeester, 1957

Gerrie Wachtmeester portrays the landscape of Groningen with its stately homes, narrow lanes, canals and woods. This artist's work evokes a silent world where nothing moves and no people are to be seen. However, the human presence can still be felt through the canals, dug in their straight lines, and the trees that have been planted alongside them.

In zijn landschappen verbeeldt Gerrie Wachtmeester het Groninger land met zijn statige herenhuizen, weggetjes, kanalen en bossen. De kunstenaar schept in zijn werk een verstilde wereld: niets beweegt, er is geen mens te zien. Toch is de menselijke aanwezigheid steeds voelbaar getuige de recht gegraven kanalen en de langs de oever geplante bomen.

A bicycle ride 50525 50 x 74 cm
.../60 - Fine Art Paper

detail >

Peter Wever, 1950

Peter Wever lives and works in Berlin. He is known for his coloured etchings which he reworks with acrylics. His principal subject matter is that of couples engaged in an embrace, but he has also made portraits and sketches of a 'computer freak' and two people at a messy breakfast table or almost submerged in a bathtub.

Peter Wever woont en werkt in Berlijn. Hij is bekend om zijn kleurenetsen waar hij achteraf met acrylverf in doorwerkt. Stellen die elkaar omarmen vormen zijn belangrijkste thema, maar schetsen van een computer freak of twee mensen aan een rommelige ontbijttafel of bijna ondergedompeld in een badkuip behoren ook tot de onderwerpen die hij geportretteerd heeft.

53/150

Kleine Rotwein Anstosser **9726** 13 x 20 cm
.../150 - Colour etching with acylic on paper

Bohnen 9732 20 x 25 cm
.../100 - Colour etching with acylic on paper

Radieschen 9731 20 x 25 cm
.../100 - Colour etching with acylic on paper

Paprikabäumchen 9728 20 x 25 cm
.../100 - Colour etching with acylic on paper

Mozzarella-Basilikum 9729 20 x 25 cm
.../100 - Colour etching with acylic on paper

Peter Wever

Weststrand 10680 14 x 79 cm
.../120 - Colour etching with acylic on paper

Winterstrand 10679 14 x 79 cm
.../100 - Colour etching with acylic on paper

2 Hug 9720 60 x 40 cm
.../150 - Colour etching with acylic on paper

Peter Wever

Badewanne panorama 9722 30 x 95 cm
.../100 - Colour etching with acylic on paper

Löffel lang 7944 34 x 89 cm
.../150 - Colour etching with acylic on paper

Umarmung rot 10675 42 x 42 cm

.../150 - Colour etching with acylic on paper

Hiske Wiersma, 1973

"I need to feel in tune with a painting right from the start", she says. "When that happens, I know that it will work out". With animals, this is largely a question of eye contact. This explains why the eyes, which she paints first, are worked out in detail, while the rest of the creature is portrayed in a more impressionist style. Occasionally, Hiske Wiersma brings the creature so to the fore that the legs are excluded from the frame, thus generating even more intimate contact between the subject and the beholder.

'Ik moet al meteen bij de eerste opzet contact met het schilderij krijgen', zegt zij, 'als dat gebeurt, weet ik dat het gaat lukken'. Met dieren is dat vooral oogcontact. Vandaar dat zij de ogen, die zij het eerst schildert, vrij gedetailleerd uitwerkt, terwijl de rest meer impressionistisch blijft. Soms haalt Hiske Wiersma het dier zo dicht naar voren dat er een afsnede ontstaat bij de poten/benen, wat het contact met de beschouwer nog intiemer maakt.

Sheep 50526 50 x 130 cm
.../90 - Canvas

Scottish Highlander in white **50497** 90 x 85 cm
.../90 - Canvas

Scottish Highlander in red **50496** 90 x 85 cm
.../90 - Canvas

Giclée

A Giclée is an accurate, mechanically produced art reproduction. A seven colour printer is at the heart of the process. The consistently high quality is achieved by means of a combination of excellent inks (based on lightfast pigments), piëzo print head technology which allows for precise dosage of the ink, and premium quality paper.
A Giclée is not an original work of art, but an excellent reproduction of a work of art.

Production - Firstly an original artwork is digitally photographed in the highest possible resolution. Any reflections or specks of dust are carefully retouched. The image is then prepared for the Giclée process, and the type of paper to be used. This allows for the correct instructions to be fed to the printer, regarding the quantities of ink and the ideal colour separation. Finally, the sharpness of the image is determined, dependant on the size of the print. At this point, the image is ready to be printed.

Durability - The use of lightfast pigments and wood-free, specially coated paper guarantees faithful, long-lasting colours. There have been no optically visible discolorations discovered, even during tests under extremely severe conditions.

Framing - The Giclée can be framed without glass. Cleaning with a dry duster is not a problem. Protection is guaranteed by a professionally applied layer of varnish or an acrylic medium.
Should you choose for glass, we advise X-High glass. This glass is non-glare, crystal clear and non-prismatic. The Giclée becomes clearer, the colours are brighter and the details are highlighted visibly. X-High glass reveals the quality of the Art Revisited Giclée in all its glory.

Certificate of authenticity - Each Art Revisited Giclée is delivered with a certificate of authenticity.

Conclusion - An Art Revisited Giclée reproduction is the best possible art reproduction obtainable with today's technology.

Giclée

Eine Art Revisited Giclée Reproduktion ist eine hochwertige maschinell angefertigte Kunstreproduktion. Hierfür setzen wir einen Siebenfarbdrucker mit Piezodruckkopf-Technik ein, wodurch wir die Tintenmenge und -positionierung sehr genau kontrollieren können. Zusammen mit der hohen Qualität der verwendeten Druckertinte (basierend auf echten Farbpigmenten) und dem hochwertigen Papier garantiert das Verfahren eine gleichbleibend hohe Qualität. Ein Giclée ist kein eigenes Kunstwerk, aber eine sehr gute Reproduktion eines Kunstwerks.

Herstellung - - Das Original wird in sehr hoher Auflösung digital fotografiert oder eingescannt. Alle störenden Reflexionen und eventuell vorhandene Staubkörnchen werden sorgfältig aus der Aufnahme retuschiert. Danach wird das Bild für die Giclée Reproduktion vorbereitet und an das zu verwendende Papier angepaßt. So kann der Drucker die richtige Menge Tinte aufbringen und die optimale Farbzusammenstellung wählen. Zuletzt wird dem Bild noch die zum Druckformat passende Schärfe gegeben, dann ist es fertig zum Druck.

Haltbarkeit - - Durch die Verwendung echter Farbpigmente und holzfreien Papiers ist die Giclée Reproduktion farbecht. Unter normalen Wohnungsbedingungen wird die Farbechtheit für 75 Jahre garantiert.

Rahmung - - Ein Giclée kann glaslos gerahmt werden, es kann dann ohne Probleme trocken abgestaubt werden. Eine vom Fachmann aufzubringende Lage Firnis oder Acrylfarbmediumbietet der Oberfläche extra Schutz.
Wenn Sie einen Rahmen mit Glas bevorzugen, dann empfehlen wir die Verwendung von X-high Glas. Dieses Glas ist entspiegelt, kristallklar und verursacht keine Farbverschiebungen. Das Giclée wird klarer, die Farben leuchtender und Einzelheiten auffallend deutlicher wahrnehmbar. Mit X-high Glas wird die Qualität des Art Revisted Giclées noch besser sichtbar. Wenn Sie einen Glasrahmen wählen, achten Sie bitte darauf daß der direkte Kontakt zwischen Giclée und Glas durch Abstandshalter oder ein Passepartout verhindert wird.

Zertifikat - Jedes Art Revisted Giclée wird mit einem Echtheitszertifikat ausgeliefert.

Fazit - Eine Art Revisited Giclée Reproduktion ist mit den heutigen technischen Mitteln die bestmögliche maschinelle Kunstreproduktion.

Giclée

Een Art Revisited Giclée reproductie is een hoogwaardige machinaal vervaardigde kunstreproductie. Hiervoor wordt gebruik gemaakt van een 7 kleuren printer. De hoge kwaliteit inkt (op basis van echte pigmenten) en een piezo printkop technologie, waardoor de inkthoeveelheid en frequentie zeer nauwkeurig in de hand gehouden kan worden, gecombineerd met hoogwaardig papier garandeert dit een constante hoge kwaliteit. Een Giclée is geen autonoom kunstwerk maar een zeer goede reproductie van een kunstwerk.

Productie - Een origineel kunstwerk wordt, in zeer hoge detaillering, digitaal gefotografeerd of gescand. Alle storende reflecties en stofjes worden zorgvuldig uit de opname geretoucheerd. Hierna wordt het beeld geschikt gemaakt voor de Giclée reproductie en aangepast aan het te gebruiken papier of canvas. Nu kan de printer de juiste hoeveelheden inkt aanbrengen en de optimale kleurscheidingen toepassen. Als laatste wordt de juiste scherpte, passend bij het afdruk formaat aan het beeld gegeven en het beeld is klaar om afgedrukt te worden.

Houdbaarheid - Door het gebruik van echte pigmenten en houtvrij papier is de Giclée reproductie kleurecht. Onder gemiddelde huiskameromstandigheden wordt de kleurechtheid tot 75 jaar gegarandeerd.

Inlijsten - De Giclée kan zonder glas worden ingelijst. Gewoon droog afstoffen is dan geen probleem. Een door de vakman aan te brengen vernis of medium voor acrylverf biedt bescherming.
Kiest u voor glas dan adviseren we X-high glas. Dit glas is ontspiegeld, kristalhelder en veroorzaakt geen kleurverschuivingen. De Giclée wordt helderder, kleuren indringender en details opvallend duidelijker waarneembaar. Met X-high glas wordt de kwaliteit van de Art Revisited Giclée beter zichtbaar. Kiest u voor glas dan moet door middel van afstandslatjes of passe-partout contact tussen Giclée en glas voorkomen worden.

Certificaat - Iedere Art Revisited Giclée wordt geleverd met een certificaat van echtheid.

Conclusie - Een Art Revisited Giclée reproductie is met de huidige technische mogelijkheden de best mogelijke machinale kunstreproductie.

Art Revisited Partners:

vanLieremedia

Druk Print Design Internet CrossMedia

BOEKBINDERIJ VAN WAARDEN

 ISBN 90-72736-58-3